I0449082

La Danza della Gioia

di
Leonardo Pavia

"Quando la vita ti dà mille
ragioni per piangere... tu,
ricordati, che hai mille e
una ragione per gioire!!!."

Emanuela Costa Rodriguez

Non ho scritto questo libro con l'intenzione di creare un manuale ad uso e consumo di chi avrà la voglia, o la fortuna di leggerlo, ma, così come dice il titolo, rovistando nella mia memoria, ricercando articoli su riviste, giornali e internet che potessero ispirarmi, ho raccolto tutto il materiale e l'ho inserito nel libro, in una sorta di danza gioiosa e che potremmo definire tarantolata, per offrirlo in visione a più persone possibili con la speranza ottimistica, che possa essere utile nei singoli istanti di ogni singolo giorno della nostra vita, andando a creare, a mio modo di vedere, una danza di gioia in cui siamo tutti primi ballerini e non semplici comparse o figuranti.

Il mio umile scopo, è, attraverso questi scritti, di riuscire a darci un sostegno, un'incoraggiamento, una ventata di ottimismo anche se solo con una frase, e che questo possa esserci utile nel momento in cui siamo chiamati in causa dai vari ostacoli e difficoltà che ognuno di noi, immancabilmente, affronta, e se questo libro ci sarà stato di aiuto in questa lotta quotidiana, io ne sarò ben felice, e sarò ancora più felice se vorrete condividerlo con più persone possibili, perchè più primi ballerini siamo sul palcoscenico a ballare la danza della gioia, più gioia stessa mettiamo in circolo. Cito una frase di un leader buddista giapponese: " Sembrerà strano ma nella vita più gioia spendiamo, più ce ne avanza".

Buona lettura

Leonardo Pavia

I BISCOTTI

Una ragazza stava aspettando il suo volo nella sala d'attesa dell'aeroporto. Poichè avrebbe dovuto aspettare per molto tempo, decise di comprare un libro da leggere, e acquistò anche un pacchetto di biscotti. Si sedette nella sala VIP per stare più tranquilla, accanto a lei c'era un signore che leggeva il giornale. Iniziò a leggere il suo libro e quando prese il primo biscotto anche il signore ne prese uno, lei si sentì stupita e irritata, ma continuò a leggere il suo libro, pensando "Ma tu guarda questo maleducato, se solo avessi un pò più di coraggio gli direi il fatto suo!". Così, ogni volta che lei prendeva un biscotto, l'uomo accanto con perfetta disinvoltura ne prendeva uno anche lui. Continuarono così finché rimase un solo biscotto, la ragazza pensò:

"Ora voglio proprio vedere cosa dice quando saranno finiti tutti!".
L'uomo prese l'ultimo biscotto e lo divise a metà. "Questo è troppo", penso lei, e sbuffando indignata, prese le sue cose e se ne andò. Quando si sentì un pò meglio e la rabbia fu sbollita, si sedette da un'altra parte, ripose il libro nella borsa e si accorse che il suo pacchetto di biscotti era ancora lì, tutto intero! Sentì tanta vergogna e comprese che il pacchetto di biscotti, uguale al suo, era di quel signore che aveva diviso con lei i biscotti senza indignarsi, mentre lei si era sentita offesa e ferita nell'orgoglio…

Morale
L'uomo viveva con gioia, e la sua gioia la condivideva volentieri con gli altri.

La gioia di vivere con Gioia.

Sì, è vero, la vita è piena di difficoltà, ma vivere con gioia non significa ignorarle, significa semplicemente decidere di non farsene travolgere.

Sì, è vero, ci sono momenti della nostra vita nei quali non c'è nessuna ragione obiettiva per gioire, ma non è necessario avere un motivo per vivere con gioia: è la gioia stessa, e l'effetto benefico che ha su di noi, la migliore ragione per vivere con gioia.

La scienza sta sempre più mettendo in evidenza l'impatto che le nostre emozioni hanno sul nostro benessere fisico, oltre che mentale. E la gioia è l'emozione positiva per antonomasia.

Quindi, abituiamoci a sperimentare la gioia come la causa del nostro benessere e non come un suo risultato.

Facciamo della gioia la forza vitale che ci consente di affrontare le difficoltà.

E non c'è da sentirsi in colpa nel vivere con gioia. La gioia che è in noi si propagherà ed aiuterà gli altri a sperimentare la propria gioia.

Diamoci il permesso di provare la gioia di vivere con gioia…

IL PESCATORE

Un giorno, un fuori bordo, attracca in un
piccolo villaggio messicano sulla costa.
Il turista americano che ne scende fa i
complimenti ad un pescatore messicano
sulla qualità del pesce, e gli chiede
quanto tempo ha impiegato per pescarlo.
"Poco tempo", risponde il messicano.
"Ma allora, perchè non sei rimasto
ancora un altro pò per pescarne di più?",
chiede ancora l'americano.
Il messicano gli spiega che quanto
ha pescato è sufficiente a sfamare e
soddisfare i propri bisogni e quelli di
tutta la sua famiglia.
- L'americano allora chiede "Ma cosa fai
con tutto il resto del tuo tempo?"
"Dormo fino a tardi, pesco un pò, gioco
con i miei bambini, e faccio la siesta con
mia moglie.

La sera poi, esco e vado ad incontrarmi
con gli amici nel villaggio, bevo con
loro, e suoniamo e cantiamo insieme….
insomma ho una vita intensa."
L'americano lo interrompe: "Io ho un
dottorato conseguito ad Harvard, e ti
posso aiutare! Innanzitutto dovresti
iniziare a pescare un pò più a lungo ogni
giorno. Così potrai vendere il pesce in
più che hai pescato. Con il guadagno
potrai comprarti una barca più grande.
La barca più grande porterà più soldi e
potrai acquistare una seconda barca e
poi una terza finché non avrai una flotta
di pescherecci.
Invece di vendere i tuoi pesci solo alle
persone, potresti contattare direttamente
l'industria alimentare per vendere loro i
pesci, e un domani potrai aprire un
proprio impianto alimentare.

Potrai lasciare questo piccolo villaggio e trasferirti a Città del Messico, a Los Angeles o anche a New York, e da lì dirigere la tua industria." "E quanto tempo ci vuole?", chiede il messicano. "Venti, forse venticinque anni" rispose l'americano... "E dopo?" ... "E dopo? E' qui che la cosa si fa interessante" risponde l'americano ridendo.
"Quando il tuo volume d'affari crescerà, potrai iniziare a vendere azioni ed a guadagnare milioni!"...
"Milioni? Veramente? E dopo?"
"Dopo potrai andare in pensione, andare a vivere in un piccolo villaggio sulla costa, dormire fino a tardi, giocare con i nipoti, pescare un paio di pesci, fare la siesta, e passare le tue serate a bere e a divertirti con gli amici…"

Morale: a volte rincorriamo quello che già abbiamo! la gioia è così semplice che va raccolta subito.

Questa storia mi permette di entrare nel merito di ciò che vorrei trasmettere con il mio libro. Vorrei parlare di quando la mente danza di gioia, di quando ascolti o leggi o trovi quella risposta che cercavi da una vita, forse da cento, di quando senti sgorgare l'infinito, una fontana che zampilla di gioia e irradia tutto il corpo. Hai sofferto, faticato, cercato oltre le tue forze, sfidato i limiti allenandoti ogni giorno a non mollare, a trovare il piacere di andare avanti. Come per l'atleta, attimo dopo attimo, quasi senza fiato, è sempre l'ultimo sforzo che permette di tagliare il traguardo, e ricominciare, con il sorriso, con una consapevolezza e una meraviglia in più... e con il senso della propria esistenza tra le mani, il tuo corpo e la tua mente sono sereni e provi una sensazione meravigliosa di pace e sicurezza... e in quel momento la tua mente si riempie di immensa gioia, e cessano per sempre dubbi e rimpianti.

Cessa quella strana sensazione di non essere all'altezza, non essere capace, non avere la possibilità di gustare appieno la meraviglia della vita. La Gioia non è un premio o un miraggio, non è prerogativa solo di qualcuno, è la nostra natura, da sempre, è la natura di ogni persona che incontriamo, amiamo o odiamo, e con gli occhi della speranza possiamo vederla e vivere di conseguenza. È uno splendido punto di partenza, l'inizio di un percorso per il quale la vita assume il suo vero aspetto, diventa preziosa così com'è, perfetta cosi com'è, e ogni sfumatura, particolare, ogni colore aggiunge bellezza e si armonizza con il resto. Decido di non subire più il mio destino, la mia vita, ma di usarla, di usare tutto: mani, occhi, lacrime, pensieri, la voce, l'esperienza, i ricordi. Quali cose straordinarie potrò farne di tutta questa ricchezza di odori,di persone e affetti, saperi e competenze, desideri e passioni?. Quando ci si risveglia da quella visione per cui il destino è qualcosa da cambiare, cancellare, espiare, sopportare, e si inizia a credere, veramente, ecco, in quel momento, in quel preciso momento di speranza e gioia, iniziamo a usare la nostra vita, a diventare padroni del nostro destino, qualunque esso sia... è un salto, c'è bisogno a un certo punto di credere, fidarsi, lasciarsi andare a briglie sciolte, al galoppo, seguire la propria voce, sperare, senza paura, senza dubbi, senza più chiedersi perché. Ognuno e ognuna con un proprio compito, qualcosa che solo io, solo tu puoi fare, per mostrare che si può. È incredibilmente possibile vivere con dignità e valore ogni circostanza rimanendo se stessi, fedeli alla propria umanità, al proprio desiderio di pace e condivisione, usando quello che siamo per donare un sorriso, una speranza, una luce al mondo che ci

circonda, a noi stessi... e agli altri.
È inconcepibile non riuscire a risolvere
qualsiasi problema ci troviamo ad
affrontare. È come se in ogni momento
potessimo decidere se vivere quello che
ci sta capitando consapevoli che quello è
il nostro destino. Ogni cosa è utile per
farlo. Che sia una malattia, un lutto, una
paura, una tendenza che ci fa incontrare
sempre circostanze e persone simili, che
sia la mancanza di soldi, lavoro, amore,
o la fortuna di essere troppo belli, troppo
intelligenti o incompresi, come se fosse
una "condanna" a vivere una vita noiosa,
non piena di gesti eroici, o la fatica di
dover fare in continuo cose strabilianti,
la vita è fatta di piccoli riti quotidiani, e,
qualunque essa sia, in ogni singolo
istante, decidiamo noi come viverla
questa vita. A volte, pensando al nostro
compito può capitare di essere sviati,
di pensare che si tratti di qualcosa di
enorme che dobbiamo intraprendere.

In realtà è qui il nostro compito, qui dove siamo in questo momento. È questa malattia, questo mancare di qualcosa, questo desiderio irrealizzato, questo essere chi sono. Non c'è un altro spazio, un altro tempo. Questo destino è tutto quello che ho, è la mia vita, i miei occhi, la mia storia, il mio tesoro, è tutto quello che posso offrire e usare per cambiare il mondo, mostrare agli altri come attraverso la speranza è possibile creare felicità da qualunque situazione, la bellezza da una materia informe...

C'è un altro aspetto da tenere in considerazione, spesso quando siamo concentrati solo sul nostro destino e cerchiamo in tutti i modi di trovare soluzioni, di aggirarlo, di "risolverlo" in qualche modo, in quel momento siamo soli, immensamente soli. Con un "io" grande e pesante come un macigno che soffre e ci amplifica la sofferenza.

Quell'"io" (ego) sta al centro di tutto,
si ingigantisce, si fa prepotente,
totalizzante, invade ogni cosa, ogni
relazione, ogni raggio di sole. "Io" che
cerco di capire, di trovare i motivi, le
cause, sondare gli effetti. "Io" che
soffro, "io" che penso, "io" che giudico,
"io" che ho ragione di tutto e non riesco
a sciogliere niente, "io" che mi arrabbio
e impreco, "io" che alla fine non vedo
che me. Insomma un circolo tortuoso nel
quale inciampo, a volte senza fidarmi
davvero, perché mi fido solo di me.
La nostra esistenza è indissolubilmente
legata agli altri, dai quali dipendiamo e
che dipendono da noi, dai nostri stati
vitali, dal nostro coraggio o dalla nostra
paura. La spinta, il movente, che ci fa
muovere verso la ricerca della gioia non
è sinonimo di egoismo, l'egoismo non
basta, è una spinta altruistica, aperta,
dove l'egocentrismo si scioglie
nell'acqua della speranza e della fiducia.

Qualcun altro ha creduto in noi e ci ha abbracciato, incoraggiato, sostenuto, e ciò che ci ha fatto iniziare la ricerca della gioia è anche l'empatia con questa persona, la fiducia che abbiamo avuto nei suoi occhi e nelle sue parole, nel suo desiderio di vederci più felici. Ci hanno fatto trovare la forza di andare avanti, superare ogni ostacolo, ogni oscurità, spinti da un desiderio, da una decisione che non riguardava solo noi stessi, ma tutta l'umanità, tutte le persone, questo inizio e questo fine: gioia non solo per se stessi, ma per tutti. Non possiamo essere veramente felici se gli altri rimangono tristi, né l'infelicità di una persona riguarda lei sola, più gioia riusciamo a portare agli altri, più felici diventiamo noi stessi, finché una sola persona è triste, la nostra felicità non è completa, di conseguenza, trasformare la realtà intorno a noi è il nostro eterno compito.

L'amore per gli altri è la causa motrice che ci sveglia dall'impotenza e dal torpore, ci accompagna nel flusso della speranza dove i limiti dell'io non hanno tanto senso, e mi chiedo:

"Che ci faccio col mio destino ora? Come decido di viverlo?".

È la decisione che muove pensieri, parole, azioni.

Compiere la mia missione, forse, è decidere istante per istante che sono vivo, quell'istante in cui, dopo un serio e costante allenamento, riesco a sentirmi veramente libero dalle circostanze esterne, posso spiccare il volo e ritrovare la purezza, l'entusiasmo e la gioia di un'antica promessa, di un voto fatto nel tempo senza inizio.

Sta proprio lì il mio valore, eccolo, lo riconosco, il compito per cui sono nato; niente di straordinario, di pomposo, sta nella semplicità di vivere ogni giorno con fiducia e rispetto della mia vita e di quella degli altri, scartando onestamente ogni pensiero che vuole negare valore a ciò che sto facendo, che tende a svilirmi o peggio a farmi rinunciare perché ancora non vedo risultati.

La decisione è dispari, ho sentito dire a volte, perché prima decido, poi cado, poi di nuovo ridecido.

E io lo faccio non perché devo, ma perché mi fa stare bene ricominciare ogni volta, mi rende felice risvegliarmi al senso della mia esistenza profonda, mi fa sentire parte importante di un tutto che cambia in continuazione, assumendo forme e colori diversi anche in base alla direzione che scelgo io, che io sto scegliendo, come lo stormo di uccelli che volteggiando libero nell'aria disegna forme transitorie senza mai fermarsi.

La Gioia e il Dolore

A quel punto una donna disse:
Parlaci della Gioia e del Dolore.
Ed egli rispose: "La vostra gioia, è il
vostro dolore senza maschera, è quello
stesso pozzo che fa scaturire il vostro
riso più volte colmato dalle lacrime
vostre, e come potrebbe essere
altrimenti? Più a fondo vi scava il
dolore, più gioia sarete in grado di
contenere. La coppa in cui versate il
vostro vino, non è la stessa coppa cotta
nel forno del vasaio? E il liuto che
addolcisce il vostro spirito non è lo
stesso legno intagliato dal coltello?
Quando siete felici, se scruterete il
vostro cuore, troverete che è ciò che vi
ha fatto soffrire a darvi ora la gioia, e
quando siete afflitti, guardate ancora nel
cuore, e scoprirete che state piangendo
solo per ciò che vi ha reso felici.

Alcuni di voi dicono, "La gioia è più grande del dolore" e altri affermano, "No, il dolore è più grande".
Ma io dico a voi che sono inseparabili. Essi giungono insieme, e quando l'una siede a tavola con voi, ricordate che l'altro dorme nel vostro letto. In realtà, oscillate tra il dolore e la gioia come i piatti d'una bilancia. Solo se vuoti, state fermi, in equilibrio, e quando il tesoriere vi alzerà per pesare il suo oro e il suo argento, allora la gioia o il dolore dovranno per forza sollevarsi o cadere.

Da *Il Profeta* di Gibran Khalil

Uno dei pensatori più importanti della filosofia moderna, Spinoza, nella sua opera "Etica", si è fatto cantore della gioia come vera forza. La filosofia di Spinoza si erge in tutta la sua grandezza non solo sullo sfondo della filosofia moderna, ma si impone anche alla riflessione contemporanea con una vitalità e una ricchezza teoretica davvero riguardevoli. Nella sua "Etica", Spinoza sottolinea come la gioia, si configuri come vera forza, come puro distillato di potenza delle umane passioni, come straordinario appagamento che l'uomo avverte quando sente di realizzarsi nel suo stare al mondo; essa, al contrario della tristezza che ci fa sentire il mondo come luogo inospitale, minaccioso, producendo, così, un autentico ripiegamento su noi stessi, rafforza quel principio fondamentale del nostro comportamento, che è la tendenza a perseverare nel proprio essere (lo sforzo di autoconservazione), la stessa conoscenza del bene e del male, altro non è che "l'effetto della gioia o della tristezza" . Il fondamento della virtù va ricercato nello sforzo di conservare il proprio essere e in questo, come ci insegna la ragione, consiste la gioia, la quale incrementa la potenza con cui abitiamo il mondo: l'odio, così, "non può mai essere buono", poiché contrario allo sforzo di autoconservazione e di realizzazione autentica di noi stessi, mentre l'amore è vera potenza d'essere nella misura in cui unisce e rafforza gli uomini. Leggiamo, a tal proposito, un passo esemplare dell'"Etica": "Chi vuol vendicare le offese ricambiando l'odio, vive proprio miseramente. Chi invece cerca di vincere l'odio con l'amore, lotta davvero lieto e sicuro, resiste con pari facilità a uno o a più uomini, e quasi non richiede l'aiuto della fortuna, e quelli che egli vince gli cedono con gioia, non già per mancanza, ma per aumento di forze; e tutte queste cose derivano così chiaramente dalle sole definizioni dell'amore e dell'intelletto che non c'è bisogno di dimostrarle una per una".

Gilles Deleuze in un dialogo con Claire Pamet, relativo alla "gioia", risponde così ad una domanda: "Il concetto al quale tu tieni molto è un concetto spinoziano, e Spinoza stesso ne ha fatto un concetto di esistenza e di vita, dice di evitare le passioni tristi e vivere con gioia per essere al massimo della nostra potenza, bisogna dunque fuggire la rassegnazione, la cattiva coscienza, la colpevolezza, tutti gli effetti tristi che preti, giudici e psicoanalisti sfruttano. Allora, vorrei innanzitutto che tu distinguessi le emozioni derivanti dalla gioia da quelle emozioni derivanti dalla tristezza, e poi le emozioni provate da Spinoza da quelle provate da te".

Voglio dire che la gioia è tutto ciò che consiste nel riempire un'attimo della nostra vita. Al contrario la tristezza cos'è? E quando, a torto o a ragione, non sono riuscito a riempire l'attimo della mia vita, e di cui a torto o a ragione, mi credevo capace?. Facendo riferimento alla reputazione antisemita di Nietzche, è molto curioso che in tutti i testi se la prende con il popolo ebraico, che cosa rimprovera al popolo ebraico Nietzsche? Che cosa ha fatto sì che poi si sia detto: Nietzsche è un antisemita? E' molto interessante quello che rimprovera al popolo ebraico, lo rimprovera, e in circostanze molto ben precise, di avere inventato una figura che non esisteva prima di esso e che è quella del prete, Nietzsche, dice che è un'invenzione incredibile avere inventato il prete, è qualcosa di prodigioso. Dopo di che c'è un legame lineare dagli ebrei ai cristiani, ma non è lo stesso tipo di prete, perchè i cristiani concepiranno un altro tipo di prete, ma continueranno sulla stessa via. Il personaggio del sacerdozio è dire fino a che punto la filosofia è concreta. Voglio dire, e dirvi che Nietzsche, a mia conoscenza, è il primo filosofo ad avere inventato, creato, il concetto di prete, e da qua aver posto un problema: in cosa consiste il potere sacerdotale, qual è la differenza tra potere sacerdotale e potere spirituale, e che cos'è questo potere del prete?... E in tutto questo dove è la tristezza?... Secondo Nietzsche il prete sfrutta l'idea che gli uomini sono in uno stato di debito infinito con il proprio Dio, invocando l'idea del debito infinito legato al peccato originale, e finchè gli uomini credono di avere questo debito infinito, inestinguibile, saranno legati al potere pastorale del prete, cosa che al contrario se i debiti hanno un carattere finito ed estingubile, gli uomini possono liberarsene e liberarsi dal loro potere.

Credo che l'affermazione di Nietzsche sia contro la figura istituzionale del prete, concepita poi dai Cristiani, come colui che, essendo "portavoce" di Dio ci ricorda continuamente il nostro "debito". I preti poi in quanto esseri umani, possono porsi in modo ben diverso, alcuni sono portatori di gioia, altri meno, riguarda perciò la singola responsabilità. Penso che in ogni caso il messaggio di Cristo sia stato completamente stravolto nei primi secoli del Cristianesimo, in quanto Gesù aveva inteso portare un messaggio di speranza e di amore, non intendeva certamente ridurci a creature perennemente in espiazione, in seguito, il clero corrotto, sicuramente aveva tutto l'interesse ad una popolazione perennemente sotto giogo, indotta al sacrificio e all'obbedienza, così da essere manovrabile e da non ostacolare i desideri di possesso materiali della Santa Romana Chiesa.

Per fortuna, oggigiorno, molto sta cambiando, i cattolici praticanti dicono che si respira un'aria molto diversa, vi sono dei corsi di aggiornamento dove i dieci comandamenti sono riveduti con una lettura più attuale, addirittura con delle similitudini alle filosofie orientali, infatti non mancano preti che spiegano l'importanza della meditazione, pratica contemplata anche dal Cristianesimo e da alcuni preti stessi. Nei secoli, spesso, la religione cattolica è stata in effetti portatrice di un messaggio mesto, dove la speranza era soggetta ad un perenne sacrificio e la gioia una rarità, poi, come sempre, la differenza la fa il cuore delle persone, siano preti o altro…

San Francesco di Assisi ne è un'esempio ben chiaro che si riassume nella lettera che scrisse a Chiara.

Quando San Francesco morì, Frate Rufino consegnò a Chiara, che restò con il Santo fino all'ultimo, la sua bisaccia, quando Chiara l'aprì, all'interno c'era la sua ciotola di legno, il suo cucchiaio, alcuni semi, una penna, un piccolo vaso d'inchiostro, e una pergamena più volte ripiegata e tutta accartocciata.
Con le mani che le tremavano, Chiara dispiegò la pergamena e decifrò le goffe lettere che San Francesco aveva vergato negli ultimi istanti della sua vita, e non dimenticò mai più il contenuto!....

"All'anima che sa leggere nella mia, e che ne comprende le gioie e i dolori, voglio confidare queste parole. All'alba della mia dipartita, al crepuscolo del sentiero che ho scelto, posso finalmente affermare, completamente in pace, che la nostra ferita, in questo mondo, non sta nè nella ricchezza nè nella povertà, ma nella nostra dipendenza da uno di questi due stati, nel fatto di immaginare che l'uno o l'altro possano offrirci gioia e libertà. Sta anche nel fatto di essere convinti che l'Altissimo Signore abbia bisogno delle sofferenze di noi creature, per aprirci la porta della sua luce. La nostra ferita, infine, è il convincimento che Egli abbia bisogno di sacrificarSi sotto forma di suo Figlio, o sotto forma umana al fine di salvarci.

Chi mai, tranne noi stessi, per mezzo della purezza del proprio cuore, potrà salvarci?...

In verità il Buon Signore mi ha mostrato che non vi era alcun debito da riscattare, alcun sacrificio da perpetuare.

Mi ha insegnato, in silenzio, che sarebbe bastato uscire dall'ignoranza, dall'oblìo, e amare. Amare la vita in ogni forma, e con tutti i mezzi che la rendono bella, amare la sua Unità in ogni cosa e in ogni essere.

Possa tutto questo venir detto, un giorno, tanto alle donne come agli uomini; possa venir detto e insegnato meglio di quanto io abbia saputo fare, senza respingere nulla né dell'Acqua nè del Fuoco.

Il mio augurio è che non ci siano più nè Chiese, nè preti, nè monaci, niente di tutto questo, ma che la nostra fede sia la chiave per avvicinarci all'Altissimo, perchè sta ad ognuno di noi incontrarlo in se stesso...

Ora che il velo si squarcia, voglio andarmene nudo come sono venuto al mondo, e non parlo della nascita del mio corpo, ma della vera nascita della mia anima, del giorno in cui ha trovato il coraggio di scendere più a fondo, nella carne, per offrirsi all'Eterno, così in Alto come in Basso".

I preti, comunque, non sono la stessa cosa dei tiranni, non bisogna confondere tutto, ma hanno in comune di detenere il potere di insinuare nelle menti le passioni tristi che ispirano gli uomini. Relazionatevi al nome del debito infinito, voi siete oggetto del debito infinito, ecc... in questo senso hanno potere, è in questo senso che il potere è un ostacolo messo alla realizzazione della gioia di un'attimo, e direi che ogni potere è triste, sì, anche se quelli che hanno potere si rallegrano di averlo, ma è una gioia triste, in compenso la vera gioia è il sentirsi libero da qualsiasi debito e di questo l'essere umano si rallegra di esserlo. Rallegrarsi, significa rallegrarsi di essere ciò che si è, è dire di essere arrivati là dove si è arrivati. E' la gioia di essere se stessi, è il piacere di essere contenti di sé, è il piacere di non essere in obbligo di asservire nessun potere, è qui che c'è vera gioia.

La vera gioia per il pensiero filosofico, religioso, orientale, nasce da dentro di noi. La vera gioia è presente in noi quando siamo in'equilibrio. Per gioia si intende qualcosa di più del semplice piacere, qualcosa di più di quella gioia materiale che scaturisce dal successo, gioia questa che è transitoria, non duratura. La gioia spirituale nasce da dentro e non ha cause esteriori, e la nostra natura più profonda, secondo l'induismo, è *sat chit ananda.*
Sa t = Esistenza   Chit = Coscienza
Ananda = Beatitudine.
Praticando la meditazione, si farà spesso esperienza di questa gioia. E' la stessa gioia che spontaneamente emanano i bimbi. Se si osserva un bambino felice, al di là della sua vitalità e agitazione, si noterà una grande luce nei suoi occhi e una pazzesca gioia di vivere, i bambini sono per natura maggiormente connessi alla loro interiorità, la loro mente non è

inquinata e non interferisce con la spontaneità del loro vero essere. Talvolta alcuni santi indiani, una volta raggiunto uno stato di meditazione elevatissimo, sono stati inebriati dall'ananda interiore, immenso, potentissimo, che li ha travolti, e li ha resi come dei bambini divini, dei folli inebriati dalla gioia intensissima della propria natura più profonda. Vi sono molte testimonianze di individui simili. Così come vi sono testimonianze certe di santi cristiani gioiosi, pieni di gioia autentica sul volto, anche se nel momento del martirio. Il nostro secolo è il secolo del nichilismo. Sono crollati i valori e questo crea angoscia. E' inutile ricreare un nuovo sistema di valori da sostituire agli antichi. Ogni morale è di per se un compromesso. Occorre semplicemente imparare a vivere nella gioia. Niente di più rivoluzionario, niente di più controtendenza.

La vera rivoluzione è la rivoluzione dentro di noi, la vera ed ultima frontiera è quella interiore. Nel buddismo si suggerisce di superare l'ananda perchè ci si vuole estinguere nel nirvana, ma a volte monaci buddisti sono stati travolti da questa immensa gioia, e si racconta di monaci che ne sono fuggiti credendo di aver sbagliato qualcosa, ma la nostra natura più profonda è gioia, tutto il resto, è sabbia al vento.

E' quando viviamo questa gioia, tutto intorno a noi è meraviglioso, poetico, Goethe ne " *I dolori e le gioie del giovane Werther*" scrive: "Non so se vi sono spiriti folletti in questo paesaggio, o se è la celestiale gioia nel mio cuore che mi fa apparire così paradisiaco tutto quello che vedo intorno. C'è una fontana con 20 gradini di roccia marmorea, da dove zampilla un'acqua purissima, un piccolo muro forma il parapetto, gli alti alberi con i loro rami circondano e ricoprono la fontana, la freschezza del luogo, tutto è così attraente, così misterioso che non passa giorno che io non trascorra almeno un'ora lì seduto ad ammirarla, e penso che chi non prova tali sentimenti non deve mai essersi ristorato alla freschezza di tale fonte".

Un'altro grande filosofo fu Aristippo, il quale creò una corrente di pensiero basato sul concetto di identificare la gioia con il piacere goduto momento per momento, preferendo le emozioni che considerava in movimento, come appunto la gioia. "Io, diceva Aristippo, non mi colloco certo nella schiera di coloro che vogliono comandare, mi colloco tra chi vuole trascorrere la vita nella maniera piú facile e piacevole possibile... La mia via non passa né per il comando né per la servitù, ma per la libertà, ed è questa che porta alla gioia".

L'ideale di libertà tratteggiato dal edonismo viene rielaborato da Aristippo di Cirene (435 a.C. - 360 a.C.) non come distacco dai bisogni ma come distacco dalle cose e dalla vita politica. Secondo il filosofo la libertà si identifica con il dominio delle cose e delle passioni, che si ottiene attraverso la moderazione in ogni comportamento (ad esempio nel piacere non bisogna esagerare perché alla fine è il piacere stesso che domina te e non il contrario). L'edonismo, quindi, significa crogiolarsi nel piacere senza però essere dipendenti da esso.

Famoso l'aneddoto su Aristippo, a cui gli invasori distrussero la casa, e lui non si disperava per questo. Alle richieste dei soldati nemici del motivo per il quale egli non si disperasse, egli rispose che i suoi beni primari erano nella sua anima, e la perdita dei beni esteriori non lo toccava.

La vita secondo i cirenaici ha come unico fine il piacere presente e momentaneo: questa limitazione impedisce loro di definire un ideale di virtù duraturo che possa accompagnare l'uomo durante tutta la sua vita.

La virtù viene concepita come uno stato di autocontrollo e di libertà dell'animo. Aristippo poneva al centro della sua filosofia l'individualità, poiché per lui l'essenza universale dal lato della realtà era la coscienza individuale e, in questa prospettiva, ben si capisce perché additò il piacere come unica cosa cui l'uomo dovesse occuparsi. Il gran peso dato all'individualità singola si riverbera sulla stessa figura di Aristippo, di cui è importante, forse più del pensiero, la personalità, il suo carattere: e non è un caso che la tradizione ci riferisca, più che le sue dottrine, il suo tenore di vita, i suoi detti, la sua indole.

Egli ricerca il piacere come uno spirito colto, che per questa via si era elevato ad una completa indifferenza verso ogni particolarità, verso le passioni, verso ogni specie di vincolo. Aristippo, pur ponendo al centro di ogni cosa il piacere, non per questo disdegna la cultura, specie quella filosofica: anzi, le attribuisce il massimo valore, tanto che, a suo avviso, solo l'uomo dotato di cultura filosofica può raggiungere per davvero il piacere. E Aristippo, coerentemente con tale impianto filosofico, condusse la sua vita ricercando il piacere, e da buon filosofo, quale era, non ricercava un piacere efferato e momentaneo, dal quale poi sarebbe derivato inevitabilmente un male maggiore rispetto al piacere stesso, al contrario, era la filosofia ad indicargli i piaceri da seguire e quelli da evitare.

Egli viveva saldamente ancorato al presente,adattandosi ad ogni circostanza, si trovava a suo agio sia alla corte dei re sia nella miseria più squallida, restando sempre uguale a se stesso.

Condusse la sua vita soprattutto alla corte di Dionigi, dove fu sempre ben visto, mantenendo sempre la sua libertà e indipendenza, per questo fu chiamato da Diogene "il cane regio". Si narra che una volta chiese cinquanta dracme ad un tale che voleva affidargli il figlio per l'educazione: ma poiché quel tale credeva che fosse troppo caro, protestando che, con tutti quei soldi, avrebbe potuto comprarci uno schiavo, Aristippo gli rispose: "Compralo, così ne avrai due". Socrate, stupito per la sua ricchezza, gli chiese: "Com'è che hai tanto denaro?" Aristippo replicò: "E com'è che tu ne hai tanto poco?".

Ad una donna che lo assillava dicendogli di aver avuto un figlio da lui, egli rispose: "Puoi affermare che lo hai avuto da me con quella stessa sicurezza con cui, passeggiando per una macchia di spini, sapresti indicare proprio lo spino che t'ha punta".

Aristippo non dava molta importanza al denaro, anche se, secondo il principio del piacere, il denaro era una delle fonti del piacere. Un giorno, fu interrogato da un'uomo che gli chiedeva se avesse mai pensato che invecchiando non avrebbe più potuto godere dei piaceri e se avesse mai desiderato vivere in eterno, egli, fedele ai suoi principi, rispose citando una metafora: " Un giovane liberò una tartaruga che era stata imprigionata e maltrattata da alcuni bambini. Ad un tratto, la tartaruga si trasformò in una bellissima donna che portò il giovane al palazzo del Dio del mare, trascorsero tre anni di felicità e gioia.

Arrivò il giorno che il giovane dovette fare ritorno al suo villaggio, erano in realtà passati alcuni secoli, e il giovane non riconosceva più nessuna persona e il villaggio stesso era cambiato. La giovane gli aveva donato uno scrigno con la raccomandazione di tenerlo sempre con sè, perchè questo gli avrebbe reso la vita più piacevole e semplice, ma con la raccomandazione di non aprirlo mai, per nessun motivo. Appena il giovane ebbe aperto lo scrigno, da esso si liberò un fumo bianco e il giovane, in pochi attimi, si trasformò in un vecchio avvizzito, e poi morì".

Questa storia, ci insegna che il desiderio dell'uomo è di vivere in eterno, ma poichè questo non è realizzabile, meglio godersi i piaceri della vita nonostante l'età avanzi.

Aristippo non fù l'unico a esprimere il suo pensiero sulla gioia, infatti, anche un'altro pensatore antico, Seneca, dice la sua sull'argomento, in una lettera inviata al suo allievo Lucinio, nella quale esprime le sue idee sulla gioia.

Lettera II (23) da Seneca a Lucinio

Origine ed essenza della vera gioia.

" Non crederai certo che io ti scriva per raccontarti di come si è comportato benignamente con noi l'inverno che è stato mite e breve, od invece, di come è stata maligna la primavera con un freddo intempestivo e altre sciocchezze di questo genere, che vanno bene per chi cerca argomenti su cui fare parole.
Io ti scriverò invece di cose che possano giovare a me e a te, ed il meglio che possa fare è proprio questo, ti esorterò a formarti ed a mantenere uno spirito sano...

Mi chiedi quale ne sia il fondamento, è
il non compiacersi di vanità, ho detto il
fondamento, ma forse è più esatto dire
che è il suo momento culminante, e lo
ha raggiunto colui che sa di che cosa
debba compiacersi e che non ha messo
la sua gioia in potere altrui.
È invece destinato a vivere sempre pieno
di ansie e d'incertezze, colui che è
sempre agitato dalla speranza di ottenere
qualche cosa, anche se l'ha a portata di
mano e non gli è affatto difficile
ottenerla, e anche se non è mai stato
deluso nelle sue speranze.
Prima di tutto, caro Lucilio, impara a
godere, non devi credere che io voglia
toglierti molti piaceri perché io voglio
allontanare da te ciò che appartiene al
caso, ma perché credo che siano da
evitare i dolci allettamenti delle
speranze, al contrario io voglio che la
gioia non ti manchi mai, che ti nasca

in casa, e nascerà, purché essa sia ben radicata dentro di te.

Vi sono altre forme di gioia che però non riempiono il cuore, rasserenano l'esteriorità del viso, ma restano alla superficie, a meno che tu non ritenga una persona in vero stato di gioia solo perché ride, l'animo deve essere alacre, fiducioso e levarsi più in alto di ogni cosa, credi a me, Lucilio, la vera gioia è sempre austera, puoi credere tu che quanti ti si presentano col volto sereno e anche ilare, sappiano disprezzare la morte, aprire la casa alla povertà, frenare i piaceri e fare oggetto di meditazione la tolleranza del dolore, chi sa rielaborarsi dentro di sé tali pensieri non può a meno di sentire una gioia grande, se anche appare poco carezzevole... Io vorrei che tu fossi in possesso di siffatta gioia, ed essa mai potrà mancarti, una volta che avrai trovato la fonte a cui bisogna chiederla.

I metalli di lieve peso si trovano a fior di terra, i metalli più ricchi sono invece quelli la cui vena si nasconde più profonda, ma risponderà con maggiore abbondanza allo sforzo di chi la scava. Le cose delle quali si diletta la plebe, danno un godimento tenue e superficiale, e qualunque sia la gioia raggiunta con esteriore artificio, manca di fondamento, questa invece della quale ti parlo ed alla quale mi sforzo di farti pervenire, è una gioia concreta ed effettiva, che si spiega ampia e aperta nell'interiorità dell'anima. Ti prego, o Lucilio carissimo, volgi la tua azione alla sola cosa che può darti la gioia, rompi e calpesta tutte codeste cose che hanno una luminosità puramente esteriore, che ti vengono promesse ora dall'uno ora dall'altro, mira invece a quello che è il vero bene e cerca quella gioia che puoi ricavare da qualcosa che è veramente tuo. E che cosa è questo

tuo, da cui puoi ricavare la vera gioia?...
Sei tu stesso, è la parte migliore di te.
Anche questo nostro povero corpo senza
il quale noi non possiamo fare cosa
alcuna, è necessario, ma non di alto
valore. Esso ci dà piaceri vani e fugaci,
che sono poi cagione di pentimento, e
che se non vengono tenuti a freno con
grande moderazione, vanno a finire al
termine opposto: intendo dire con questo
che il piacere sta sull'orlo dell'abisso, e
se appena non è tenuto entro ben precisi
limiti cade e si volge in dolore.
Certo riesce ben difficile mantenere
la misura in ciò che tu credi il bene.
Il desiderio della vera gioia non presenta
pericoli, in che cosa consiste, tu mi
domandi, e donde ha origine?
Ecco, ti rispondo, dalla buona coscienza,
dall'onesto pensiero e dal retto operare,
dal disprezzo del fortuito, da un sereno
e diritto tenore di vita che mantiene
costante il suo cammino.

Quelli infatti che passano da un proposito all'altro, che anzi non passano ma sono trasportati in nuove direzioni da circostanze casuali, come possono essi, così mal sicuri ed errabondi, avere qualche cosa di certo e duraturo? Pochi sono coloro che sanno disporre di sé e delle loro cose con pensata decisione, i più non sanno, ma sono portati come oggetti galleggianti su un fiume. Alcuni di questi oggetti hanno trovato un'onda leggera che li porta più dolcemente, altri sono rapiti da un'onda più veemente, altri ancora sono stati deposti e giacciono vicino alla riva dove la corrente illanguidisce, e altri infine sotto da una corrente impetuosa scagliati in mare. Bisogna dunque stabilire bene quale gioia vogliamo, e poi perseverare nel nostro volere, posso, al riguardo, rimetterti un detto di Epicuro e chiudere così questa lettera.

"È cosa triste ricominciare sempre a cercar la gioia "... "Perché?", tu mi dirai, ed è infatti una sentenza che ha bisogno di qualche spiegazione. Questi uomini vivono male, ti rispondo, perché la loro vita ha sempre qualcosa di incompiuto, e non può essere preparato a gioire chi in ogni momento ricomincia a vivere, bisogna fare in modo che possiamo sempre aver vissuto gioiosamente ed intensamente, ed evidentemente non può persuadersi di questo, chi sopra ogni cosa pensa sempre a ordire da capo la tela della vita, e non credere che costoro siano pochi, sono quasi tutti, se poi questa ti par cosa che possa recar meraviglia, te ne aggiungerò un'altra che ti farà meravigliare di più, vi sono alcuni che hanno cessato di gioire ancor prima di cominciare."

Addio, tuo Seneca.

Tornando ad Aristippo, non solo ha coinvolto altri pensatori della sua epoca, ma ha ispirato, in modo positivo, il pensiero di alcuni psicologi,tra questi Martin Seligman.

Martin Seligman è un rinomato psicologo americano che ha ideato e sviluppato, con ampio successo, la psicologia positiva, una disciplina che insegna come migliorare il benessere personale. Seligman cita varie ricerche secondo cui le persone che provano emozioni positive vivono più a lungo e in migliori condizioni di salute, e hanno relazioni interpersonali e risultati professionali migliori della media. Secondo Seligman, la gioia autentica consiste nel provare emozioni positive che riguardano il passato e il futuro, nell'assaporare sensazioni positive derivanti dai tanti piaceri dell'esistenza, nel trarre abbondante gratificazione dalle proprie potenzialità personali e nell'usare tale potenzialità al servizio di qualcosa di più grande e al servizio di altre persone, tutto questo per dare un senso di finito alla gioia.

Le cause della gioia sono riassumibili nella formula: Livello permanente di gioia = gioia personale + circostanze della nostra vita + fattori sotto il nostro controllo (valutazione del passato, aspettative sul futuro, piaceri e gratificazioni).

Vediamoli uno per uno: Gioia personale: ognuno di noi ha un livello permanente di gioia che è ereditario. Questo pesa per circa il 50% del nostro livello di gioia.

Circostanze della nostra vita: secondo Seligman incidono intorno al 10% del nostro livello complessivo di gioia. Tendono ad avere un livello di gioia maggiore le persone che vivono in un paese democratico e ricco, hanno avuto

la fortuna di non vivere emozioni
ed eventi negativi e sono religiose.

Fattori sotto il nostro controllo: la nostra
valutazione del passato, influenzata
dalla nostra capacità di perdonare e di
provare gratitudine. Il nostro ottimismo
davanti al futuro, che dipende dalla
nostra tendenza a vedere il famoso
bicchiere sempre mezzo pieno.

La nostra gioia nel presente, che dipende
dai piaceri e dalle gratificazioni.
I piaceri sono sensazioni gradevoli che
hanno chiare componenti sensoriali e
forte componente emotiva quali ad
esempio eccitazione, beatitudine,
allegria, esuberanza, benessere.
I piaceri sono, come descritti da
Aristippo, fugaci, effimeri, ed è molto
importante perciò imparare a gustarli e
distribuirli nel tempo.

Le gratificazioni sono attività, diverse dai piaceri, che ci fa molto piacere praticare, che ci impegnano a fondo, che ci prendono totalmente, facendoci perdere la consapevolezza di noi stessi.

Il piacere di conversare con qualcuno con cui ci sentiamo davvero in sintonia, di fare una gita in montagna, di leggere un libro, di ballare, di praticare il nostro sport preferito, sono esempi di attività in cui per noi il tempo si ferma, le nostre capacità sono all'altezza della situazione e noi entriamo in contatto con le nostre potenzialità. Le gratificazioni durano più a lungo dei piaceri, richiedono un'attività di pensiero e interpretazione non indifferente e sono sostenute dalle nostre potenzialità e virtù.

Per questi motivi secondo Seligman è molto importante sviluppare le proprie potenzialità, la cui applicazione ci permette di provare gratificazioni.

Seligman ne elenca addirittura 24,
ricavate da uno studio di 200 testi
antichi tra cui la Bibbia, il Corano,
le Upanishad, gli scritti di Aristotele,
Platone, San Tommaso, Sant'Agostino,
Benjamin Franklin, ed altre ancora.
Esse sono: Curiosità, amore per il
sapere, discernimento, ingegnosità,
intelligenza sociale, lungimiranza,
perseveranza, integrità, cordialità,
amore, senso civico, imparzialità,
leadership, autocontrollo, prudenza,
umiltà, capacità di apprezzare la
bellezza, gratitudine, speranza, senso
dell'umorismo, spiritualità, capacità
di perdonare, vitalità e valore.

Riassumendo, Seligman sostiene che per
aumentare stabilmente il nostro livello
di gioia dobbiamo: fare la pace col
nostro passato, se ci provoca ancora
dolore o insoddisfazione, diventare più
ottimisti modificando il nostro stile di
attribuzione,

godere dei piaceri della vita evitando l'assuefazione, svolgere attività e inserirci in relazioni e contesti per noi gratificanti, vale a dire dove possiamo mettere a frutto le potenzialità che abbiamo maggiormente sviluppato, Seligman cita il lavoro, i rapporti affettivi e i rapporti con i figli, utilizzare le nostre potenzialità al servizio di un ideale o qualcosa che crediamo essere più grande di noi, ma comunque per il benessere nostro e degli altri.

Nella sua teoria della gioia, Seligman ignora, volontariamente, tutti i contributi della psicologia moderna, perché, dice, la psicologia moderna, negli anni successivi alla seconda guerra mondiale, si è preoccupata soprattutto di curare le malattie mentali, mentre la psicologia positiva si occupa di prevenirle, con lo sviluppo delle potenzialità personali.

Seligman crede fermamente nella sua teoria della gioia, e dedica il suo studio al benessere psicologico che ne deriva.

Essere in un buon stato di salute mentale non significa semplicemente non avere disturbi, piuttosto significa svilupparsi da un punto di vista personale.

Questo è l'opposto di quanto sostenuto da Sigmund Freud secondo cui la salute mentale consiste nell'assenza di malattia mentale.

In concreto, Seligman, su quali azioni fisiche fa leva per promuovere il benessere psicologico?

Ecco alcuni esempi: 1. La visita di gratitudine. Chiudi gli occhi e richiama alla mente qualcuno che anni fa ha fatto o detto qualcosa che ha cambiato la tua vita per il meglio. Scrivigli una lettera di gratitudine e consegnagliela di persona .

2. Tre benedizioni (Diario della gratitudine). Ogni sera prima di andare a dormire, scrivi tre cose che sono andate bene durante la giornata, e secondo te, quali i motivi per cui questo è accaduto.

3. Usa le tue potenzialità, una volta che le hai identificate, utilizzale nelle tue attività quotidiane.

4. Psicoterapia positiva.

Questa strategia, tuttavia, può non essere accettata da un punto di vista scientifico perchè presenta alcuni limiti, infatti, molti esercizi proposti da Seligman sviluppano abilità sociali attraverso esperienze dirette, perciò secondo la teoria di Bandura migliorano il senso di autoefficacia (in quanto esperienze dirette) e secondo la teoria degli stili di attribuzione sviluppata da Seligman spostano lo stile di attribuzione verso l'ottimismo, e come fine ultimo, la gioia.

Altri esercizi sono ugualmente rivolti a modificare lo stile di attribuzione ma utilizzano l'approccio della terapia cognitiva .

Altri esercizi, come il Diario delle benedizioni, o gli altri esercizi centrati sull'esplicitazione e messa in atto delle potenzialità personali, creano, queste, un'attenzione selettiva verso eventi e capacità personali positive, in modo da bilanciare l'attenzione selettiva verso eventi negativi tipica delle persone demotivate e/o depresse. Seligman tuttavia evita di esplicitare tali basi teoriche, probabilmente perché questo toglierebbe originalità e esclusività al suo pensiero di benessere psicologico. Seligman dice inoltre che: "La Gioia spalanca la vita, la Gioia è il paradiso nel quale vorremmo entrare e non uscirne più"... e, seguendo gli studi da lui descritti possiamo anche riuscirci.

GIOIA

Sorridere vuol dire aprire la propria vita
per prima accogliere e poi donare,
e ringraziare per tutto ciò che passa
dentro la tua vita.

Tieni sempre presente di non consegnare
il tuo diritto alla gioia a nessuno,
la tua gioia sei tu, solo tu, e tu,
sii sempre il tuo migliore amico.

La gioia è indispensabile nella vita,
ma la gioia è una conquista
che va condivisa con gli altri
e che dona a noi stessi ancora più gioia...

Ho sognato che la vita è gioia,
mi sono svegliato e ho capito
che la vita è al servizio degli altri,
ho servito ed ho trovato la gioia.

L'allegria del cuore è vita per l'uomo,
l'allegria di un'uomo è fonte di lunga
vita.

La gioia e il sorriso sono dei termometri
che indicano la bontà del cuore
e la nobiltà dei sentimenti di un'uomo.

Impariamo a gustarci le piccole cose
sono piccoli e semplici appuntamenti
di vita quotidiana...
nell'attesa della grande gioia.

Seguendo ciò che suggerisce Seligman, dobbiamo imparare a gioire della nostra vita nelle attuali circostanze, istante dopo istante, senza aspettare che la gioia piova dal cielo,e senza rimandarla a un ipotetico futuro nel quale avremo realizzato chissà quale desiderio o risolto un problema, dobbiamo essere grati e gioire della nostra vita così com'è, e, se non ci piace, con le nostre potenzialità, migliorarla.

A tal proposito mi viene in mente un'insegnamento buddista nel quale si racconta di un samurai medico, che essendosi convertito al buddismo, era osteggiato dagli altri samurai, i quali non perdevano occasione per screditarlo agli occhi del loro Signore, ma lui, essendo predisposto all'ottimismo, oltre ad essere un medico eccellente, riuscì a conquistare la fiducia del suo Signore, al punto che gli regalò delle terre,

in realtà il Signore voleva metterlo
alla prova poiché queste terre non
erano molto fertili, il samurai, con
il suo ottimismo, non si lamentò, ma
coltivò le terre con gioia e gratitudine.
Dopo un paio di anni il Signore si
ammalò, e il medico, con la sua bravura,
riuscì a guarirlo, il Signore, allora, gli
tolse le terre che gli aveva regalato e in
cambio gli diede altre terre tre volte più
grandi, e queste, erano anche molto
fertili.

La morale che viene estratta da questa
storia, è che se siamo predisposti
all'ottimismo, attiriamo naturalmente la
buona fortuna, infatti, in natura, esistono
delle sostanze chiamate catalizzatori,
che hanno la proprietà di accelerare
(catalizzatori positivi) o rallentare
(catalizzatori negativi), determinate
reazioni chimiche, per catalizzatori
positivi si intende gioia e gratitudine

che ci permettono di attirare la buona fortuna, al contrario, i catalizzatori negativi, reagendo alla lamentela e alla insoddisfazione, ritardano, o addirittura impediscono il cammino verso la gioia. E' fondamentale capire che la gioia e la gratitudine non restano confinate nella nostra sfera interiore ma influenzano positivamente la realtà esterna, da quì si evince che il cammino verso la gioia è la trasformazione delle nostre tendenze a lamentarsi, in convinzione, speranza per il futuro, apprezzamento delle occasioni che la vita continuamente ci offre, così ci predisponiamo a vedere il famoso bicchiere sempre mezzo pieno.

Gandhi diceva: "... La gioia si trova nella lotta, nella sofferenza che porta con sè quello sforzo che ci consente di vincere sulla nostra tristezza...".

Vincere è esaltante, ma le sfide che dobbiamo affrontare ci danno una soddisfazione ancor più grande della vittoria stessa, la vera gioia per Gandhi è la lotta, e spiegava meglio questo suo pensiero facendo l'esempio del matrimonio, quando due persone si innamorano il loro desiderio di gioia è sposarsi, una volta sposati inizia la convivenza, lo stare gomito a gomito ogni giorno, e poichè il matrimonio lo considero un vero campo di battaglia, la gioia che ne deve derivare passa dalle sfide che riusciamo a vincere insieme, spesso,invece di avere un'atteggiamento positivo verso questa quotidianetà, ci lasciamo andare alle lamentele fino al punto di rimpiangere la vita com'era prima del matrimonio, e questa storiella riassume bene quello che Gandhi voleva dire :

LA VITA

Siamo convinti che la nostra vita sarà
migliore quando saremo sposati, quando
avremo un primo figlio o un secondo...
Poi ci sentiamo frustrati perché i nostri
figli sono troppo piccoli per questo o per
quello e pensiamo che le cose andranno
meglio quando saranno cresciuti.
In seguito siamo esasperati per il loro
comportamento da adolescenti. Siamo
convinti che saremo più felici quando
avranno superato quest'età.
Pensiamo di sentirci meglio quando
il nostro partner avrà risolto i suoi
problemi, quando cambieremo l'auto,
quando faremo delle vacanze
meravigliose, quando non saremo
più costretti a lavorare.
Ma se non cominciamo una vita piena
e felice ora, quando lo faremo?
Dovremo sempre affrontare delle
difficoltà di qualsiasi genere.

Tanto vale accettare questa realtà e decidere d'essere felici, qualunque cosa accada.

Alfred Souza diceva: "Per tanto tempo ho avuto la sensazione che la mia vita sarebbe cominciata presto, la vera vita! Ma c'erano sempre ostacoli da superare strada facendo, qualcosa d'irrisolto, un affare che richiedeva ancora tempo, dei debiti che non erano stati ancora regolati. In seguito la vita sarebbe cominciata, ma poi ho aperto gli occhi e, finalmente ho capito che questi ostacoli erano la vera vita".

Questo modo di percepire le cose ci aiuta a capire che non c'é un mezzo per essere gioiosi, ma la gioia è il mezzo. Di conseguenza, gustatevi ogni istante della vostra vita, e gustatevelo ancora di più se lo potete condividere con una persona cara, una persona molto cara, con cui passare insieme dei momenti preziosi della vita, e ricordate che il

tempo non aspetta mai nessuno, allora
smettete di aspettare di finire la scuola,
di tornare a scuola, di vedere andare
via di casa i propri figli, smettete di
aspettare di cominciare a lavorare,
di andare in pensione, di sposarvi,
di divorziare.

Smettete di aspettare il venerdì sera, la
domenica mattina, di avere una nuova
macchina o una casa nuova.

Smettete di aspettare la primavera,
l'estate, l'autunno o l'inverno.
Smettete di aspettare di lasciare questa
vita, di rinascere nuovamente, e decidete
che non c'è momento migliore per
essere felici che il momento presente.

La gioia nella vita non è una meta ma
un viaggio da fare da soli, ma è ancora
più gioioso se fatto insieme agli altri.

Un'altro personaggio che vale la pena citare in queta nostra danza della gioia, è Johann Wolfgang Goethe (1749-1832) Il suo pensiero a tal proposito era: "Avanti, sempre avanti". Goethe era sempre concentrato sul futuro perchè secondo lui questo era la chiave per progredire in eterno, questo faceva in modo di avere sempre un'atteggiamento propositivo e al tempo stesso impediva di cedere alle lamentele. Poco prima del settantacinquesimo compleanno scrisse: "Sono sempre stato baciato dalla buona fortuna, ciò nondimeno, la mia vita non è stata altro che fatica e lavoro, e posso altresì dire che in 75 anni ho avuto solo 4 o 5 settimane di puro divertimento, 1 solo giorno lieto ogni 2 anni. Questa è la dura e cruda realtà della vita umana a cui dobbiamo rendere conto, ma se nella nostra quotidianetà riusciamo a mettere l'arma in più della passione, allora ogni giorno diventa divertente".

Questa affermazione ha fatto riflettere
molti pensatori sulla domanda:
"Qual'è la vera gioia nella vita?",
da una parte c'è la dura e cruda realtà
della vita umana che ci ricorda in
continuazione che la gioia è di breve
durata mentre la sofferenza è più lunga,
inoltre ciò che la società scambia per
gioia non è altro che una situazione
superficiale, se facciamo una rapida
riflessione su ciò che oggi ci dà gioia,
prendiamo in considerazione i vari
smartphone, computer, apparecchi
televisivi altamente tecnologici, se
invece ci fermiamo a riflettere su cosa
effettivamente ci danno questi strumenti,
ci rendiamo conto che essi non sono
altro che rifugi illusori dove nascondersi
per non vedere la triste realtà di cui
siamo circondati, e questo, purtroppo,
non ci fa nemmeno più chiedere se
vediamo il bicchiere mezzo pieno o
mezzo vuoto.

Quindi diventa importante quali decisioni, e soprattutto, con quale atteggiamento, o come ci predisponiamo nei confronti del singolo attimo della nostra quotidianetà, tenendo presente che esistono due tipi di gioia, la gioia relativa e la gioia assoluta, la gioia relativa si basa su fattori esterni, come il possedere una bella casa, una bella auto costosa, un compagno/a che ci rende felici, un lavoro che ci gratifica sia dal lato umano che da quello economico, tutte queste conquiste sono effimere poichè sono situazioni precarie, infatti, il compagno/a può decidere di lasciarci e da quì si innesca un meccanismo in cui possiamo perdere sia la casa, sia l'auto, il lavoro è instabile perchè dipende da tanti fattori, quindi se perdiamo queste cose, ci troviamo a vivere con un senso di vuoto, inquietudine, entriamo in crisi con conseguenze a volte drammatiche.

La gioia assoluta pone come unica base la realizzazione personale interiore, è la conquista di uno stato umorale in cui ci sentiamo appagati e di conseguenza viviamo ogni singolo istante con un senso di gioia e profonda serenità, a me piace ricordare che ogni singolo istante vissuto con gioia prepara a vivere con ancora più gioia gli istanti successivi, le nostre giornate saranno piene e non proveremo mai il senso di vuoto dentro di noi, contraddicendo ciò che affermava Goethe.

Talvolta il nostro sistema di credenze, e l'identità che ci siamo cuciti addosso (molto spesso in modo tacito, senza accorgercene) ci portano a seguire un certo binario, che corrisponde ad uno stile di vita che reputiamo adeguato a noi, o comunque, consono con chi siamo e soprattutto con l'immagine di noi che vogliamo offrire agli altri.

Questa strada, in un certo senso, pre-definita e di cui possiamo perfettamente anticipare tutte le tappe, potrebbe anche essere la strada giusta che fa per noi, ma di sicuro non è quella più divertente. E' importante tenere a mente che esistono parallelamente infinite strade che noi possiamo decidere di imboccare e che ci condurranno dove desideriamo, ma il punto, quì, è, come vogliamo percorrere la strada dei nostri sogni?. Che noi siamo creatori intenzionali della nostra vita, è un punto di partenza che sta diventando sempre più assodato da un numero crescente di persone, ma andando oltre dobbiamo chiederci: "Come desidero vivere il viaggio verso me stesso e i miei desideri? In altre parole, qual'è il senso della mia vita, che si evidenzia in ogni momento che respiro?". Le strade sono infinite, e infinite sono le possibilità che ho di esprimermi e realizzare me stesso.

Capito questo punto, diventa essenziale per me scegliere come voglio percorrere ogni giorno dell'esistenza, con quali modalità, colori, movimenti... Quello che ci proponiamo di fare, è di lasciare spazio a quell'intuizione interiore, che ci conduce sempre nel luogo ideale, dove per noi c'è qualcosa da scoprire, nutrire, rivelare, abbracciare, questo è il modo più semplice e immediato per seguire l'intuizione, è ascoltare da cosa siamo attratti, cosa ci richiama: "Cos'è che ci piacerebbe tanto sperimentare, ma non ne abbiamo mai il tempo, il coraggio o lo spazio?". Se limitiamo lo spazio che dedichiamo a questi richiami, perché li consideriamo poco importanti o semplici dettagli poco significativi in confronto alla cosa che veramente vogliamo, forse ci perdiamo il gusto del viaggio e, senza accorgercene, allontaniamo da noi i nostri sogni più grandi.

A volte in virtù di un grande sogno, perdiamo il piacere dei nostri piccoli sogni quotidiani, quelli che sono più alla portata e potrebbero fare una bella differenza nella nostra vita in termini di piacere, soddisfazione, bellezza e relax. Sono i piccoli gesti del quì ed ora, che possiamo sperimentare senza dover aspettare chissà quanto, e che hanno la forza di sospingerci verso ciò che veramente vogliamo.

E non importa dover trovare subito il filo logico tra ciò che ci attrae adesso ed i nostri sogni, magari lo capiremo più avanti.

L'importante è seguire quel qualcosa che sentiamo dentro che, anche se non ce lo sappiamo spiegare, ci dà gioia, un senso di pace e benessere. Magari ci chiediamo cosa ci incastri con i nostri sogni, quelli "veri", ma non è importante rispondere a questa domanda adesso.

L'importante è avere la sensibilità e il coraggio di seguire l'indicazione, perché proprio nel momento in cui la seguiamo, ci allineiamo al nostro disegno, quello più grande, avvicinandoci ad esso. Quindi non scartiamo ciò che ci dà un benessere adesso, per perseguire un nostro grande sogno, spesso i grandi sogni si possono realizzare a partire da quelli più piccoli, che aprono la strada verso quelli sempre più grandi, e l'unico momento in cui possiamo coo-creare la nostra realtà, è adesso, ovvero nel momento presente. Se ora mi concedo di vivere ciò che sento, sentendomi realizzato per i piccoli tasselli che iniziano a comporre il mio puzzle, attivo dentro di me un potere incredibile, quel potere va ad attingere all'Energia che crea i Mondi, il potere creativo che risiede in ogni essere. A tal proposito ci viene in mente Steve Jobs, quando ha iniziato un corso di calligrafia senza sapere a cosa gli sarebbe servito. Anche se non lo sapeva e aveva già dentro di sé grandi ambizioni, ha fatto il corso di calligrafia semplicemente perchè ne era attratto, e non perchè credeva che gli sarebbe servito per creare una delle più grandi compagnie di computer al mondo. Ciò gli ha permesso di divertirsi durante il viaggio che l'ha condotto poi al suo più grande sogno, non si è privato di un qualcosa che gli piaceva, perché prima doveva pensare a come avere successo, il successo segue la gioia, e maggiore è la gioia che proviamo quando facciamo qualcosa, maggiore sarà il successo che ne conseguirà. Non crediamo che sia inutile dedicarci a ciò che ci attrae e ci piace, perché è la strada più diretta verso la gioia e il successo, qualunque siano i nostri desideri più intimi, sia che noi vogliamo realizzare un business internazionale, sia accudire al meglio i nostri figli.

L'atteggiamento.

In molti casi, il motivo risiede in un atteggiamento mentale tra i più dannosi che esistano, il quale suona più o meno così: in qualsiasi ambito, se ottengo un buon risultato o se faccio qualcosa di buono, è una cosa "normale", "scontata", mentre se faccio qualcosa di sbagliato oppure ho un rendimento appena al di sotto delle attese, è imperdonabile, è drammatico, ho deluso tutti e non valgo niente.

In pratica la persona può "martoriarsi" a più non posso, ma non può gioire, non può celebrare un risultato, non può festeggiare se stessa per ciò che fa di buono: il risultato positivo viene sempre banalizzato mentre il negativo viene sempre estremizzato.

Tale schema deriva di solito dalla famiglia di origine, dove da sempre sentiamo frasi, che ognuno di noi inevitabilmente, ormai fa proprie, come: "Tu puoi sempre fare di più"...
"Da te mi aspetto sempre il massimo"... "Un campione come te non può fallire", e lo sguardo cade sempre su ciò che manca, "per stimolarti, per spronarti a fare sempre meglio, per non farti sedere sugli allori". Il tutto rinforzato da una diffusa cultura della prestazione e del "guardare sempre avanti". È un modello mentale che, rendendo ovvia ogni riuscita, impedisce alla persona non solo di gioire, ma anche di sentirsi viva e valida, appagata e fiduciosa in se stessa. Ma il cervello non può vivere solo tra il "normale" e il "negativo", ha bisogno anche del positivo, cioè di festeggiarsi e di riconoscersi dei meriti, altrimenti nel tempo, il cervello, perde globalmente proprio ciò che gli viene negato a ogni

occasione, cioè la gioia e l'autostima, e cade in una profonda crisi. I più grandi pensatori moderni,o se volete chiamateli psicologi, consigliano vivamente di mettere al bando gli atteggiamenti che portano alla crisi che identificano in questi punti:

- Non fare caso solo a ciò che manca ma anche a ciò che potreste migliorare.
- Non trarre conclusioni totalmente negative su se stessi in seguito a un errore, ma valutare sempre il risultato, qualunque esso sia, al 50% positivo e al 50% negativo
- Non banalizzare i riconoscimenti o gli eventuali complimenti che ne derivano, ma sentirsi comunque gratificati.
- Soffermarsi a godere anche le piccole cose, in attesa di obiettivi "più alti".
- Non festeggiarti in silenzio, ma, anzi, se vuoi, urla e fai sentire la tua gioia.

Di fronte a una tua riuscita, in qualsiasi ambito, non ripartire subito come se non fosse successo niente, concediti qualche minuto pieno per "celebrare" la vittoria acquisisci la consapevolezza delle tue capacità ed energie, poi riparti pure.
Quando ricevi dei complimenti, non respingerli in nome di chissà quali altre cose avresti potuto fare, non nasconderti dietro ad una falsa modestia.
Rispondi con un bel "grazie!", che legittima il tuo operato e al contempo valorizza – o quantomeno rispetta – l'opinione e l'intento benevolo di chi hai davanti.
Accetta volentieri chi ti fa notare gli errori, usali per la tua crescita umana e personale, il progresso umano si basa sulla correzione e sul superamento di errori commessi.
Se condanni i tuoi e li drammatizzi, impedisci al cervello di evolvere, devi poter sbagliare e fare in modo

che gli errori siano i tuoi e non quelli degli altri, solo così saranno "gli errori giusti".

Credo che un presupposto per vivere con gioia siano le opportunità che ci permettono di essere generosi, con noi stessi e con gli altri. Viviamo appieno le situazioni che favoriscono tutti i sentimenti come la condivisione , la compassione , la gratitudine, il sentire che tutto è perfetto e accettabile, senza resistenze. Tutto quello che succede dentro e fuori di noi, succede per noi, per il nostro progresso, basta saperlo leggere e basta dargli il significato che si merita.

Anche la Psicosintesi vuol "partecipare" a questa danza della gioia, per loro, la gioia è una vera e propria "prescrizione" esistenziale da utilizzare e consigliare come una vera e propria regola di vita.

E' una particolare saggezza che accende
il fuoco dell'entusiasmo per il futuro e
fa scoprire la bellezza dei mondi nelle
sconfinate potenzialità dell'essere
umano, è il proclama a cui tutti
dovremmo aderire per vivere con gioia
e pieni di gratitudine insieme alla
comunità umana, ma stranamente
l'esperienza della gioia , parte dalla
sofferenza per essere poi conquistata,
inizia dal superamento gioioso di
vecchie abitudini, di vecchi stili di
comportamento e atteggiamento, per
ricercare il nuovo, appare nella certezza
gioiosa di saperci gestire, liberandoci dai
condizionamenti e dagli impulsi
regressivi, e si manifesta nell'aderire
con entusiasmo all'ideale del bene
comune, staccandoci dalle aspettative e
dai privilegi personali.
La gioia è considerata una qualità da
insegnare alle persone fin da quando
sono piccoli,

fin dal momento che sono in grado
di capire sia il bene che il male, per
poi educarli al nuovo, la gioia è legata
al divenire più che all'essere, anche
se a volte può sembrare molto lontana,
ma se accettata, la ricerca del nuovo,
ci riscalda tanto profondamente da
permetterci di affrontare con forza e
serenità, le bufere della vita. La strada
della gioia si costruisce pazientemente e
gradualmente attraverso la conoscenza
del meccanismo esistenziale, poi, solo
con una ferma volontà iniziamo il
percorso lungo quel meraviglioso
sentiero, e una volta che abbiamo
stabilito quale è la nostra meta, è
inevitabile che proveremo l'esperienza
della gioia, e questa, va trattenuta e
accumulata perché è talmente rara sulla
terra, come spiegata dai vari pensatori
nel corso della storia, che rappresenta un
minerale prezioso da estrarre e custodire
con cura.

Illudersi che la gioia derivi dall'ozio o dalle conquiste materiali semplici è puramente illogico dato che nella natura tutto è in continua trasformazione, è per questo che la gioia non è mai legata al passato, ma è sempre unita al fuoco del coraggio per l'avventura umana che ci rende distaccati da ciò che è transitorio e già acquisito. A questo punto diventa naturale come un'atteggiamento gioioso nell'affrontare le avversità della vita, rappresenti un vero e proprio allenamento alla gioia.

Assumersi la responsabilità di esistere e predisporsi all'evoluzione del proprio essere, è una missione che dà gioia perché rappresenta l'inevitabile destino della nostra vita. C'è poi, un vivaio naturale della gioia che è rappresentata da ogni manifestazione della bellezza, dalla bellezza della luce alla bellezza di ogni foglia che si risveglia alla vita, è estraibile un palpito di gioia, se saremo attenti raccoglitori del tesoro della bellezza della natura. Va ricordato che la gioia si manifesta nel sacrificio di se stessi, ed è allora giusto unire il concetto di causa ed effetto alla nostra coscienza, per iniziare il percorso del nostro perfezionamento, che ci condurrà verso l'assoluta gioia infinita.

Se facciamo un'attenta riflessione, vediamo che soltanto abitudini secolari privano gli uomini dall'esperienza della gioia, trattenendoli nell'ignoranza e nella paura del cambiamento della propria esistenza, diventa indispensabile imparare a seminare gioia, perché, come dolore chiama dolore, così la gioia rinnova se stessa e si propaga agli altri, anche se la gioia inizia con fatica e pericoli, una volta conquistata dissolve gli ostacoli e irradia di luce nuova chi la possiede. E' importante ricordare che la gioia non sta nel concludere qualcosa, ma nell'iniziare qualcosa, perché l'inizio corrisponde al moto e la continuità è una naturale inerzia di questo moto. A volte è necessario abbattere la staticità delle nostre posizioni per liberare l'energia in essa trattenuta e usarla per la creazione del nuovo, e superare la cristallizzazione esistenziale degli individui, è anche indispensabile manifestare il movimento sia nel pensiero che nelle azioni, e anche se la via del rinnovamento è lunga e difficile, una volta intrapresa, ci permette di utilizzare le nostre forze per la conquista del futuro, all'inizio è come se fossimo chiamati ad attraversare un ponte su un abisso profondo, l'abisso che separa il nuovo dal vecchio, e ogni piccolo passo verso quella direzione diventa una grande gioia, perché accende magicamente la luce sull'infinito.

Alla luce di tutto ciò, è necessario che cominciamo ad educarci alla gioia fin da bambini.

I bambini sono per natura materialistici ed egoisti, ma la buona notizia è che la gratitudine si può insegnare, è dalla gratitudine che poi deriva la gioia. Ecco alcuni suggerimenti per insegnare ai bambini la gratitudine e creare poi una famiglia più gioiosa.
- Sorprendeteli! Evitate troppe scelte: Le sorprese aiutano i bambini a vedere qualcosa come un dono, non un diritto. Avere troppe scelte provoca tristezza, ci si chiede sempre che si potrebbe avere qualcosa di meglio. Una sera abbiamo provato a parlare con i nostri figli di dove saremmo potuti andare in vacanza d'estate. In cinque minuti Disney World non era più una destinazione abbastanza buona.

Chiunque aveva un'idea migliore, e nessuno sarebbe stato felice qualsiasi cosa fosse stata detta. Ho posto fine alla conversazione, e circa una settimana dopo ho annunciato che avevo una grande sorpresa, saremmo andati in campeggio in montagna e ho mostrato i miei progetti per la nostra vacanza, e i bambini non avrebbero potuto essere più eccitati. Il nostro viaggio si è rivelato alla fine, un enorme successo.

- Parlate della parte migliore della vostra giornata: Trovate ogni giorno un pò di tempo per parlare di ciò per cui siete grati – forse a cena, prima di andare a letto o mentre state guidando. Chiedete ai vostri figli: "Qual è stata la parte migliore della tua giornata?"...
Ai bambini più grandi, consigliate di tenere un diario della gratitudine, è stato verificato che i diari della gratitudine sono uno strumento efficace per aiutare

i bambini ad essere più gioiosi. Uno studio ha fatto scrivere a 221 bambini della sesta e settima classe cinque cose per le quali erano grati ogni giorno per due settimane. Tre settimane dopo, questi studenti avevano una prospettiva migliore sulla scuola e una maggiore soddisfazione rispetto a quelli ai quali era stato assegnato il compito di scrivere cinque cose che trovavano pesanti.

- Insegnate ai vostri figli il loro passato: Quali sono le vostre storie di famiglia su difficoltà e perseveranza? La bisnonna di mio marito ha stirato per una vita, e il suo ferro da stiro è ora un fermalibri di casa nostra, ricordando ai bambini cosa significa davvero il lavoro duro, da bambina, mia nonna lavava i piatti per dieci centesimi a settimana e teniamo la sua fotografia in bella mostra in un angolo ben in vista della nostra casa.

- Spronate i figli a fare volontariato, ad aiutare qualcuno che ha "bisogno" di carità, per i bambini è ottimo partecipare alle raccolte di cibo degli scout e ad altri programmi caritativi della comunità, trovate qualcuno nella vostra vita quotidiana che i vostri figli possano servire regolarmente, anche se questa persona non ha propriamente bisogno di carità, per esempio, abbiamo una vicina che vive da sola e apprezza ciò che resta dei nostri pasti così non deve cucinare solo per una persona?. I bambini faranno a gara per andare a portarle il cibo.

- Insegnate loro a concentrarsi sugli aspetti positivi, tutto il giorno, dite loro che "L'atteggiamento è una scelta". Scegliere di avere un atteggiamento positivo deve diventare una delle regole principali in casa. È uno sforzo per abituarsi ad "aggirare" lamentele e gelosie e concentrarsi sugli aspetti positivi.

- Insegnate ai vostri figli a dire grazie come parte di una frase completa, ad esempio: "Grazie, papà, per aver fatto la cena". Incoraggiate i bambini a dire "grazie" durante la giornata, fate loro ringraziare gli allenatori e gli insegnanti. Lottate per far sì che i vostri figli dicano "grazie" senza che debba essere loro ricordato?

- Date l'esempio: Quante volte al giorno dite "grazie"? Avete detto ai vostri figli per cosa siete grati oggi? I nostri bambini guardano ogni nostra mossa. Non possiamo chiedere loro di essere grati se noi non lo siamo. Andate a casa e parlate delle parti felici della vostra giornata, facendo una scelta consapevole per non lamentarvi.

- Insegnate che "È meglio dare che ricevere". Anche i più piccoli possono comprare o fare doni agli altri: portate i bambini più piccoli a fare shopping al negozio "tutto a un euro". Sfidateli a scegliere regalini per gli altri senza comprare qualcosa per sé, è difficile!!! Ma è estremamente gratificante!!!

- Fate in modo che vi aiutino nei lavori domestici, date loro da fare dei lavori domestici che siano adatti alla loro età, anche per solo cinque o dieci minuti al giorno. È difficile trovare il tempo per i lavori domestici, ma senza di questi i bambini non possono capire cosa significa gestire una casa, così non daranno più per scontati la biancheria pulita e profumata o i piatti puliti.

- Fate sì che i più grandi si prendano cura dei più piccoli, dare ai figli più grandi responsabilità per i più piccoli, li aiuterà ad avere un atteggiamento di gratitudine nei confronti di voi genitori. Inoltre i figli più grandi guadagneranno fiducia in sé stessi e un maggiore senso di responsabilità, inoltre il rapporto che costruiranno con i più piccoli durerà per tutta la vita.

- Fate doni "esperienziali", non doni oggetto: Troppi giocattoli? Che ne pensate di regalare un abbonamento al museo dei bambini, un'iscrizione al calcio o un campeggio? I regali "esperienziali" costruiscono le relazioni.

Il nostro essere è per natura gioioso, dentro ognuno di noi c'è un bambino che sorride, il problema è che questa gioia è velata da molte altre forze, mentali, psichiche e vitali, che coprono questa spontanea gioia di essere, noi, alleniamoci ad andare in profondità dentro noi stessi e ad avere accesso a questa gioia, lasciando in superfice tutto ciò che normalmente la nasconde, è come andare in profondità sotto

l'oceano, in superfice ci sono onde
e può anche esserci una tempesta,
ma sul fondo dell'oceano c'è sempre
e comunque una calma infinita.
Così è per il nostro essere, ricercare la
gioia è come scendere in profondità
dentro l'oceano del nostro essere, come
lasciar depositare tutto ciò che
normalmente ci agita per nuotare nella
delizia spontanea della nostra natura
originale.
Ma siamo esseri complessi: abbiamo
una mente, un corpo, uno stato vitale.
Il corpo ha i suoi desideri e le sue
necessita, lo stato vitalc (cioè tutto
l'insieme delle nostre emozioni,
desideri, pulsioni) ha anch'esso una
grande influenza sul nostro modo di
essere e sulle nostre scelte. Vi è poi la
mente, che divide e separa, e ci aiuta a
discriminare, ma vi è anche qualcosa
di più, vi è un essere interiore psichico,
più in profondità,

un essere che per sua natura è pura
gioia, un essere che è splendente di luce
e non materiale, un essere che è ciò che
noi siamo realmente.

Il cervello vuole sentirsi dire: "bravo"!
Quando si banalizza o non si dà la giusta
importanza a ciò che facciamo di buono
e positivo impediamo a noi stessi di
vivere con gioia, il "cibo" più utile alla
mente. Ci sono alcune depressioni di cui
è arduo capire la causa, in apparenza
non sono avvenuti eventi negativi, la
salute c'è e la situazione generale è
buona, anzi, magari è pure florida:
avanzamenti di carriera, soddisfazioni
affettive, successo con amici e
conoscenti, eppure alcuni cadono in
depressione. Una crisi "sorda", lenta,
invisibile ma progressiva, che spegne
pian piano l'entusiasmo, toglie senso a
ciò che si fa e spinge in un umore
sempre cupo, con poche sfumature

emotive e una grande fatica di vivere tutto quel che si fa.

La persona quasi sempre non riesce ad accorgersene perché è come abituata, immersa in un mondo interiore senza gioia, e anche quando se ne avvede, nessuno dei tanti approcci terapeutici provati (psicoterapia, psicofarmaci, tecniche corporee, rimedi naturali, percorsi filosofici o spirituali) riesce a riportare la luce.

Parlando di spiritualità, tecniche corporee o percorsi filosofici, vediamo qual'è il pensiero orientale.

Le filosofie orientali insegnano che per avere questo tipo di vita appagato, è utile seguire alcune semplici regole:

1) Seguire una religione che metta al primo posto lo sviluppo di una propria fede personale.

2) Appoggiare alla crescita della fede anche un'ottima crescita filosofica.

Questi primi due punti vanno considerati come le nostre due gambe, noi possiamo camminare con una sola, ma alla lunga ci stancheremo e dovremo poggiare quella gamba e usare l'altra, così entreremo in un giro vizioso che non ci permetterà di vivere appieno e in modo appagante, cosa che invece proveremo usando entrambe le gambe.

3) Avere un atteggiamento predisposto all'ottimismo e vivere le giornate cercando di provare una gioia vibrante da ogni singola cosa.

4) Vivere la propria vita con coraggio e convinzione, credete sempre che ogni problema si possa risolvere e andate avanti con fiducia, se volete realizzare uno scopo, credete che potete farlo e andate ancora avanti con fiducia.

Questi altri due punti seguono la logica che abbiamo descritto fino adesso, essere predisposti all'ottimismo e alla gioia, aggiungete atteggiamenti come il coraggio e la convinzione, questo ci permette di realizzare risultati che prima consideravamo impossibili.

5) Dialogare con gli altri con tolleranza, partite sempre dal presupposto che non avete mai ragione al 100%, anche se i fatti dimostrano che l'avete al 200%, ma pensate che l'altro ha ragione come voi, al 50% e cercate un punto d'incontro con quel 50%, in questo modo si crea un dialogo positivo e costruttivo.

Questo atteggiamento vi sarà molto utile perchè gli altri si sentiranno ascoltati e saranno più predisposti a trovare le soluzioni, e quando ciò avverrà, siate sicuri che proverete tutti una grande e meravigliosa gioia e Mo-Tzu è un esempio importante di quanto detto.

Mo-Tzu, il Saggio.

Mo-tzu, il Saggio, era il filosofo della gioia universale e, in questo, antagonista di Confucio. Ultimamente, lui e la sua dottrina sono stati riscoperti ed è tornato in auge sia in Cina che nel mondo. Il suo grande amore per la gente comune era così esplicita, che la sua critica era mal sopportata dai potenti del tempo, al punto che recentemente alcuni studiosi, come ci ricorda Burton Watson, hanno supposto che il nome Mo, di cui un significato è tatuaggio, non fosse affatto il suo nome, ma un appellativo indicante che il Maestro Mo era un ex-carcerato, cui per punizione era stato apposto sulla pelle un tatuaggio, di cui lui si beffava adottandosi il nome. Da giovane Mo-Tzu studiò alla scuola dei Confuciani ma egli presto si accorse che il formalismo ed i riti erano fastidiosi e dispiacevano al popolo, perché lo sfarzo dei funerali impoveriva la gente e la lunghezza dei periodi di lutto era dannosa al vivere delle persone e danneggiava le faccende umane. Per questo egli volse le spalle alle regole che stavano prendendo piede sotto la dinastia Chou (ispirate da Confucio) e si adoperò per ritornare ai metodi di governo in uso durante la antica e tradizionale dinastia degli Hsia.

Si trattava di un atteggiamento assai contrastante con la morale del tempo, e come tale aspramente combattuta, in particolar modo da Men-Cio, un fanatico difensore di Confucio, che tacciò Mo-Tzu di eresia e di follia per la sua dottrina della gioia universale e dell'amare tutti nello stesso modo. Eppure le dottrine dei due grandi Maestri cinesi condividevano la ricerca del maggior benessere per l'uomo, Mo-Tzu sentiva che la tendenza umanistica confuciana era troppo vaga ed indefinita per poter veramente determinare un miglioramento nella condizione umana. Egli sostenne che per realizzare questo miglioramento era necessario prendersi cura in modo concreto del benessere del popolo. E la chiave di saggezza della scuola di Mo-Tzu, oggi lo chiameremmo lo slogan, divenne questo: "È necessario promuovere la gioia e il benessere generale del popolo, eliminando le cause che provocano in loro sofferenza". Questo era indicativo del carattere, della generosità di Mo-Tzu, rispetto alla fredda razionalità formale dei seguaci del Confucianesimo. Mo-Tzu divenne un predicatore errante, un leader religioso e rivoluzionario che – come Gesù Nazareno – portava la buona novella su e giù per i villaggi del suo paese. Ma al contrario di Gesù, Mo-Tzu nella prima parte della sua lunga vita, fu funzionario di Stato, consigliere di potenti, stratega militare e forse combattente e guerriero egli stesso, anche se sempre in difesa dei deboli e degli oppressi. Mo-Tzu, si accorge dei vizi fondamentali della società del suo tempo e denuncia la mentalità di parte, le lotte feudali, le spese esagerate che costringono il popolo a vivere nella miseria. Mo-Tzu è un moralista animato da ideali di eguaglianza sconosciuti alla società cinese del tempo.

All'egoismo delle famiglie e degli Stati, al nepotismo imperante che esalta uomini inetti, ma vicini ai potenti, anziché uomini saggi e giusti, Mo-Tzu coltiva il desiderio di sostituire una forma d'altruismo che comprenda tutti, regolamentando il tenore di vita, sempre nel rispetto dell'ordine gerarchico: se il sovrano non dilapida le ricchezze per spese inutili, potrà tener pieni i granai del regno per assistere i più poveri e bisognosi, inoltre vuole che al potere i sovrani chiamino i saggi, che godono del rispetto e dell'ammirazione della gente comune, e che quindi possono governare ed imporre la giustizia in modo equilibrato e responsabile. La scuola di Mo-Tzu si struttura come un'associazione, con delle proprie regole e vi si predica con l'esempio. I suoi membri si vestono alla maniera dei contadini e degli artigiani dell'epoca, che in essi riconoscono degli uomini come loro e che quindi sono più facili da comprendere e da seguire. Mo-Tzu, inoltre, nelle vesti di consigliere, cerca di dissuadere un principe dal dichiarare guerra o dall'attaccare un altro Stato. C'è un episodio straordinario che illustra non solo come Mo-Tzu fosse un valente stratega militare, ma valorizza la sua saggezza ed il suo grande amore per i popoli oppressi. La storia in questione riporta che durante un periodo della sua vita Mo-Tzu si occupò della difesa del piccolo Stato di Sung. Saputo che un valente inventore di macchine da guerra, Kung-Shu-Pan aveva creato nuove armi per il Signore del potente Stato di Ch'u e che l'esercito di Ch'u si preparava ad attaccare Sung, il Maestro Mo-Tzu partì da Chi, dove si trovava, e senza un attimo di riposo viaggiò per dieci giorni e dieci notti alla volta di Ying, la capitale di Ch'u.

Qui giunto incontrò subito Kung-Shu-Pan e gli disse: "Ho saputo che stai facendo delle scale volanti per attaccare Sung. Che colpa ha commesso Sung?". Poi chiese di essere presentato al re di Ch'u. Appena giunto davanti al re, il Maestro Mo-Tzu disse: "Immagina un uomo che mette da parte la sua elegante carrozza, per rubare la misera carretta del suo vicino, mette via le sue vesti raffinate per rubare una giacchetta al suo vicino, mette da parte il suo miglio e la carne pregiata e vuole rubare la crusca e le bucce del suo vicino. Che tipo di uomo sarebbe costui?". Il re rispose: "Un uomo che ha la mania di rubare". E allora Mo-Tzu di rimando: "Il territorio di Ch'u è di cinquemila Li e quello di Sung di cinquecento, è come l'elegante carrozza contro una misera carretta e i sudditi vedono che tu, o grande re, violi la giustizia senza ricavarne nessun gran profitto". Ma nonostante il re avesse sentito queste valide ragioni, non voleva desistere dall'impresa di attaccare Sung. Allora Mo-Tzu ebbe una idea. Provò al re che queste macchine create da Kung-Shu-Pan non sarebbero state utili per conquistare Sung, quindi si tolse la sua cintura, la arrotolò per terra dicendo di immaginare che fosse la cinta delle mura della città. Quindi invitò Kung-Shu-Pan a disporre intorno le miniature delle sue macchine d'attacco.

Nove volte questi assalì le mura e nove volte il Maestro Mo-Tzu che usava la tavoletta degli appunti come un'arma lo respinse.

Dopo aver assistito a questo esempio, il re esclamò: "Ho capito, sarebbe tempo e denaro sprecato, non attaccherò Sung". Nell'era moderna, questo racconto ci mostra come poter risolvere il conflitto tra due paesi. Invece di distruggersi in guerra, Mo-Tzu suggerisce di mettere in campo la voglia di raggiungere un'intesa pacificamente, usando il dialogo, questo modo di agire predispone al benessere degli interlocutori prima, e di naturale conseguenza, dei popoli.

Rimanendo in oriente, un'esempio che rende perfettamente l'idea di come vada vissuta la vera gioia, parla della rete del Re Indra. La rete del Re Indra aveva ad ogni nodo di congiunzione, un diamante che rifletteva la luce degli altri diamanti, se anche solo un diamante si appannava tutta la rete era appannata, mentre, quando tutti i diamanti brillavano, la rete era al massimo del suo splendore. Questo per dire che gli esseri umani vanno paragonati al singolo diamante, se un solo uomo è triste, si intristiscono gli uomini a lui vicini, mentre quando tutti sono gioiosi, tutto il loro mondo gioisce.

In occidente seguiamo altre filosofie, altri concetti, e, putroppo, sono molti i paesi dove i popoli non vivono nella gioia, al contrario in quei pochi paesi, i paesi scandinavi per citarne alcuni, dove al primo posto viene posta la serenità del popolo, vengono emesse leggi a tale scopo, e di seguito messe in pratica, l'effetto che ne segue è una qualità della vita molto vicina a quella gioia fin quì descritta.

Siamo arrivati in fondo alla nostra danza della gioia e mi auguro che questa lettura vi abbia stimolati a diventare primi ballerini sul grande palcoscenico della vita, dico "primi" ballerini perchè noi dobbiamo essere i primi a gioire, i primi a regalare un sorriso di gioia a chi ne ha bisogno, ma anche, e soprattutto, i primi a prendersi la responsabilità di esprimere gioia per contagiare gli altri.

Quì di seguito alcune riflessioni e citazioni di personaggi vari che a modo loro hanno partecipato, e vogliono partecipare, alla nostra danza della gioia....

" La vita fugge, tu non cercare più di quanto ti offra la gioia del momento, ma fermati e goditela."

Stendhal

" L'unica gioia al mondo è cominciare... E' bello vivere, perchè vivere è cominciare, sempre, ad ogni istante."

Cesare Pavese

" Quando la mente è pura, la gioia ci segue come un'ombra e non ci lascia mai."

Buddha

" La gioia non è una stazione verso la quale viaggiare, ma il nostro modo di viaggiare."

M. Lee Rubeck

" Quando la porta della gioia si chiude, subito se ne apre un'altra; ma spesso rimaniamo incatenati a guardare la porta chiusa, e non ci accorgiamo di quella che ci è appena stata aperta."

H. Keller

" Un momento di gioia ci prende sempre di sorpresa. Non siamo noi ad afferrarlo, ma è lui ad afferrare noi."

A. Montaigne

" Né la ricchezza più grande, né l'ammirazione delle folle, né altra cosa che dipenda da cause indefinite, sono in grado di sciogliere il turbamento dell'animo e di procurare vera gioia."

Epicuro

" Quando siete felici guardate nella profondità del vostro cuore e scoprirete che ciò che ora vi sta dando gioia è soltanto ciò che prima vi ha dato dispiacere. Quando siete addolorati guardate nuovamente nel vostro cuore e vedrete che in verità voi state piangendo per ciò che prima era la vostra gioia.

Kahlil Gibran

"A volte la tua gioia è la fonte del tuo sorriso, ma spesso il tuo sorriso può essere la fonte della tua gioia."

Thich Nhat Hanh

GIOIA

Vivi la vita guardandola negli occhi
e impara a prenderti cura di te.
Osserva tutte le cose belle della natura,
apprezza gli spettacoli che essa ti offre,
perfino nelle tempeste violente
e nei suoi aspetti più inospitali
c'è qualcosa di bello per i nostri occhi.

Ama e gioca ogni volta
che ti viene la voglia,
dai tanto amore anche
a chi da te non se lo aspetta.

Una piccola goccia è l'inizio
di un torrente,di un fiume... dei mari.

Una piccola goccia fa crescere
uno,dieci,mille fiori...

Tutto,comincia dalle piccole cose...
non perderti le piccole gioie reali
aspettando una più grande, ma
improbabile gioia.

Sforzati di creare nella tua mente
tanti pensieri colorati,
il tramonto è una promessa
per un domani migliore.

Alla sera prima di addormentarti
ricorda tutto ciò che hai fatto
durante il giorno...
e accetta con un sorriso,
quello che non hai fatto
come avresti voluto…
lo farai domani.

Vivi l'oggi intensamente
e meravigliosamente
come fosse il primo, l'ultimo
o l'unico giorno importante...
e ricorda a te stesso
che la gioia è una ricompensa
non una meta da raggiungere.